BEI GRIN MACHT SICH
WISSEN BEZAHLT

- Wir veröffentlichen Ihre Hausarbeit, Bachelor- und Masterarbeit

- Ihr eigenes eBook und Buch - weltweit in allen wichtigen Shops

- Verdienen Sie an jedem Verkauf

Jetzt bei www.GRIN.com hochladen und kostenlos publizieren

Sascha Bechmann

Medienkultur in Deutschland im Hoch- und Spätmittelalter bis 1450

GRIN Verlag

Bibliografische Information der Deutschen Nationalbibliothek:

Die Deutsche Bibliothek verzeichnet diese Publikation in der Deutschen Nationalbibliografie; detaillierte bibliografische Daten sind im Internet über http://dnb.d-nb.de/ abrufbar.

Dieses Werk sowie alle darin enthaltenen einzelnen Beiträge und Abbildungen sind urheberrechtlich geschützt. Jede Verwertung, die nicht ausdrücklich vom Urheberrechtsschutz zugelassen ist, bedarf der vorherigen Zustimmung des Verlages. Das gilt insbesondere für Vervielfältigungen, Bearbeitungen, Übersetzungen, Mikroverfilmungen, Auswertungen durch Datenbanken und für die Einspeicherung und Verarbeitung in elektronische Systeme. Alle Rechte, auch die des auszugsweisen Nachdrucks, der fotomechanischen Wiedergabe (einschließlich Mikrokopie) sowie der Auswertung durch Datenbanken oder ähnliche Einrichtungen, vorbehalten.

Impressum:

Copyright © 2004 GRIN Verlag GmbH
Druck und Bindung: Books on Demand GmbH, Norderstedt Germany
ISBN: 978-3-640-49207-7

Dieses Buch bei GRIN:

http://www.grin.com/de/e-book/50101/medienkultur-in-deutschland-im-hoch-und-spaetmittelalter-bis-1450

GRIN - Your knowledge has value

Der GRIN Verlag publiziert seit 1998 wissenschaftliche Arbeiten von Studenten, Hochschullehrern und anderen Akademikern als eBook und gedrucktes Buch. Die Verlagswebsite www.grin.com ist die ideale Plattform zur Veröffentlichung von Hausarbeiten, Abschlussarbeiten, wissenschaftlichen Aufsätzen, Dissertationen und Fachbüchern.

Besuchen Sie uns im Internet:

http://www.grin.com/

http://www.facebook.com/grincom

http://www.twitter.com/grin_com

Inhalt

Einleitung 1

1. Mittelalterliche Medien – Eine einführende Definition 2

2. Mediale Formen der Kommunikation vor Johannes Gutenberg 4

3. Höfische und bürgerliche Medien in der Gegenüberstellung 6

   3.1 Die Medien am Hof 6

      3.1.1 Der Hofnarr 6

      3.1.2 Der Sänger 7

      3.1.3 Das Medium Blatt 8

   3.2 Medien der bürgerlichen Gesellschaft 8

4. Die mediale Bedeutung von Klöstern, Universitäten und Kirchenraum 10

5. Das Theater als Medium 13

Zusammenfassung 14

Bibliographie 16

Einleitung

Zweifelsfrei leben wir heute in einer Gesellschaft, in der die Medien unser Leben bestimmen. Unsere Kommunikation basiert auf modernen Massenmedien, wie dem Internet, Fax, Telefon, Handy, Fernsehen und dergleichen mehr. Dass eine solche Mediengesellschaft erst durch die Erfindung des Buchdrucks durch Johannes Gutenberg um 1450 entstehen konnte, ist eine weit verbreitete Meinung. Demnach setzte die Geschichte der (Massen-) Medien erst durch die Entwicklung der technischen Mittel durch die Erfindung der Drucktechnik ein.[1] Nun könnte man daraus schließen, dass Medien vor Gutenberg keine oder nur eine geringe Rolle gespielt haben. Oftmals wird der Buchdruck als Grundstein einer modernen Medienkultur gesehen.[2]

Die Revolution in der Verbreitung von Schrift durch die Gutenberg'sche Erfindung im 15. Jahrhundert ist unbestritten, denn *Massenmedien* erfordern die Technisierung, damit Informationen vielfältig und schnell verbreitet werden können. Welche Rolle aber die mediale Kommunikation vor Johannes Gutenberg gespielt hat und ob man zu Recht erst ab 1450 von Medienkultur in Deutschland spricht, wird hier zu überprüfen sein.

Ich werde im Folgenden untersuchen, in wie weit man die mittelalterliche Gesellschaft vor 1450 bereits als Mediengesellschaft bezeichnen darf. Dazu werde ich beleuchten, wodurch sich Medien im Allgemeinen, und im Besonderen die Medien des Mittelalters, definieren lassen, welche Medien es im Mittelalter bereits gab und welchen Stellenwert sie gehabt haben. Dabei soll auch untersucht werden, wie sich Mediennutzung gesellschaftlich unterschieden hat und welche Institutionen von medialer Bedeutung gewesen sind.

Gegenstände dieser Betrachtung werden dabei die Medien des Hoch- und Spätmittelalters bis Johannes Gutenberg sein. Damit grenze ich einen Zeitraum zwischen 1000 und 1450 ein, wobei es natürlich fließende Grenzen in der Entwicklung der Medien gab. Diese Ausarbeitung endet bei der Erfindung des

---

[1] Vgl. Wilke, Jürgen: *Grundzüge der Medien- und Kommunikationsgeschichte. Von den Anfängen bis ins 20. Jahrhundert.* Köln 2000, S. 13 (hinfort zitiert als Wilke 2000)
[2] Vgl. Wilke 2000, S. 1f

Buchdrucks, die damit verbundenen Veränderungen werden nicht betrachtet. Die Erfindung Gutenbergs gilt als der Beginn der modernen Massenmedien und soll daher nicht in diese Betrachtung mit einfließen.
In der gegenwärtigen Forschung gibt es Defizite. Medien und Kommunikation vor 1500 werden dabei kaum untersucht.[3] Gerade aufgrund dieser Forschungsdefizite ist meine Wahl auf dieses Thema gefallen.

1. Mittelalterliche Medien – Eine einführende Definition

Bevor man genauer untersuchen kann, welche Medien es im Mittelalter gab und wie sie zu positionieren sind, gilt es zu definieren, was unter dem Begriff *Medien* zu verstehen ist. Während heute in aller Regel die gleichen Medien allen gesellschaftlichen Schichten zur Verfügung stehen und gleichermaßen genutzt werden, hat es im Mittelalter deutliche Unterschiede in der medialen Kommunikation der verschiedenen Stände gegeben.

In der Forschungsliteratur wird der Medienbegriff oft recht unspezifisch verwendet. Eine Möglichkeit ist die Unterteilung in primäre, sekundäre und tertiäre Medien.[4] Demnach sind primäre Medien Mittel des „menschlichen Elemantarkontaktes"[5]. Hierzu zählen alle Möglichkeiten zwischenmenschlicher Kommunikation, die nichts als den Menschen selbst benötigen. Sie werden als *Menschmedien* bezeichnet. Sekundäre Medien hingegen benötigen eine Form von Technik zur Verbreitung von Information. Feuer als technische Vorraussetzung für Rauchzeichen, Briefe, bis hin zum Buch sind sekundäre Medien. Tertiäre Medien gehen da noch einen Schritt weiter, denn sie benötigen Technisierung nicht nur beim Sender der Information, sondern setzen diese auch beim Empfänger voraus. Telefon, Fernsehen und Internet sind hier beispielhaft zu nennen.

Neben dieser sehr engen Definition von Medien lässt sich eine weiter gefasste Begriffsbestimmung bei *Wilke* finden: Demnach setzt Mediengeschichte erst mit der Erfindung des Buchdrucks ein, denn Medien werden hier als

---

[3] Vgl. Faulstich, Werner: *Medien und Öffentlichkeiten im Mittelalter 800-1400*. Göttingen 1996, S. 7ff (hinfort zitiert als Faulstich 1996)
[4] Vgl. Bausch, Hans: *Seit Gutenbergs Zeiten*. In: Höfer, Werner; Bausch (Hrsg.): *Was sind Medien*. Percha 1981, S. 14f (hinfort zitiert als Bausch 1981)
[5] Bausch 1981, S. 14

„technische Mittel [verstanden], die zur Verbreitung von Aussagen an ein potentiell unbegrenztes Publikum geeignet sind. [...] Der Medienbegriff hat damit vor allem technischen Aspekt"[6]. Bezogen auf die modernen Massenmedien lässt sich diese Eingrenzung anwenden, sie ist aber als allgemeine Definition zu eng gefasst.

Dieser Technisierungsaspekt wird in den Definitionen der modernen Medienwissenschaften nicht als Grundlage gewählt. Medien sind dabei vielmehr „ jede Form zeichengebundener Vermittlung"[7]. Dies schließt bereits den Menschen selbst als Medium ein, entspricht damit der Einteilung in primäre, sekundäre und tertiäre Medien, die Bausch liefert. Alle Definitionen legen aber Wert auf die mediale Funktion, die darin besteht, Informationen zu vermitteln. Medien sind also als *Vermittler* zu verstehen. So definieren sich Medien allgemein als Trägersysteme zur Informationsvermittlung.

Für meine Betrachtungen lege ich diese Definition zu Grunde. Demzufolge gibt es Medien, seit es den Menschen gibt. Logisch, dass es im Hoch- und Spätmittelalter schon eine Vielzahl an differenzierten Medien gegeben haben muss. Dabei spielen tertiäre Medien noch keine Rolle, weil die technischen Bedingungen nicht geschaffen waren.

Die Medien des Mittelalters sind im Gegensatz zu heutigen Medien gesellschaftlich determiniert. Es lassen sich für die verschiedenen gesellschaftlichen Schichten unterschiedliche Medien nachweisen und anwenden:

> Die Konturierung der damaligen Medien und ihrer kommunikativen und sozialen Bedeutung kann die Unterscheidung von Bereichen oder Ständen besser begründen und zugleich die gesellschaftlichen Krisen und globalen Umwälzungen der damaligen Zeit plausibler erscheinen lassen. Aus medienwissenschaftlicher Sichtweise erscheint die mittelalterliche Ständeordnung – vom König und den Fürsten über die Ritter und Landvögte bis zu den Bauern und letztlich den Tagelöhnern – als ein Gesamtsystem spezifischer, markant unterschiedlicher Teil- und Binnenöffentlichkeiten, [...]. Die Medien des Mittelalters hatten maßgeblich teilöffentlichkeitsgenerierende und – strukturierende Funktionen.[8]

---

[6] Wilke 2000, S. 1
[7] Wilke 2000, S. 2
[8] Faulstich 1996, S. 9

Demzufolge unterscheiden sich Medien damals und heute nicht in ihrer allgemeinen Definition als Informationssysteme, sondern lediglich darin, dass es keine Massenmedien im heutigen Sinne gab. Mediale Kommunikation im Mittelalter hat zunächst in gesellschaftlich unterschiedlichen Teil- und Binnenöffentlichkeiten stattgefunden. Eine genauere Darstellung dazu wird in Abschnitt 3 erfolgen.

2. Mediale Formen der Kommunikation vor Johannes Gutenberg

Die Medien des Mittelalters waren bis zu Gutenbergs Erfindung des Buchdrucks nicht oder wenig technisiert. Tertiäre Medien gab es noch nicht, die Vermittlung von Informationen erfolgte primär, also über Oralität und seit etwa 750 n.Chr. auch sekundär durch die Einführung von Schreibmedien.[9] Der wichtigste kulturelle Schritt in der Mediengeschichte stellt dabei der Übergang von der Oralität zur Schriftlichkeit dar. Hier liegen erst die Grundlagen für die späteren Entwicklungen zu modernen Massenmedien durch die Erfindung des Buchdrucks.

Im Mittelalter unterscheidet man ganz allgemein die Menschmedien von den Schreibmedien.

Unter Menschmedien versteht man dabei den Menschen selbst als Medium. Beispiele dafür sind Schauspieler, Sänger, Geschichtenerzähler, Prediger, Hofnarren, Magister und ähnliche Personen, die durch ihre Stimme und ihre Darbietungen Informationen verbreiten konnten.[10] Diesen Menschmedien kommt im Mittelalter deutlich das Übergewicht zu, wobei allerdings beide Formen nebeneinander bestehen. Die orale Kommunikation durch Menschmedien „wurde allenfalls ergänzt, nie aber ganz verdrängt"[11]. Bis in die heutige Zeit existieren Menschmedien, vor allem im Schauspiel und Theater. Im Vergleich zu den jüngeren Schreibmedien existieren die Menschmedien schon deutlich länger. Durch Menschmedien war aber im Gegensatz zu den Schreibmedien immer nur eine kleine Gruppe von Personen erreichbar. Erst

---

[9] Vgl. Schlosser, Hans-Dieter: *dtv-Atlas Deutsche Literatur*. München 2003, S. 12f (hinfort zitiert als dtv-Atlas 2003)
[10] Vgl. Faulstich 1996, S. 270
[11] Wilke 2000, S. 6

durch die schriftliche Fixierung konnte Information verbreitet werden, ohne dass es zu Informationsverlusten kam. Die „ausschließliche Mündlichkeit der Kommunikation hatte vor allem zwei Konsequenzen: Sie blieb an einfache menschliche Gesellschaftsformen gebunden, an die Stammesgesellschaft mit der ihr eigenen Homogenität."[12]. Weil Schreibmedien, zu denen Briefe, Handschriften und handschriftliche Bücher zählen, im Mittelalter nicht von jedermann gelesen und produziert werden konnten, waren sie lange Zeit Privilegien der Gelehrten. Außerdem war es sehr zeitintensiv Bücher herzustellen, weil die Produktion ausschließlich handschriftlich geschah. Das kostspielige Pergament bis zur Einführung des Papiers um etwa 1300 und die Mühe handschriftlicher Aufzeichnungen hemmten die schriftliterarische Produktion und Reproduktion, bis Gutenbergs Erfindung um 1450.[13]
Durch Schreibmedien ließen sich aber Informationen speichern und über räumliche Entfernungen und über zeitliche Distanzen übertragen.
Das Menschmedium fungierte hier im Mittelalter oft als Schaltstelle, indem Schreibmedien durch Menschmedien publiziert wurden.
Vor allem das Buch wird als Schreibmedium in seiner Bedeutung unterschätzt, weil oftmals Bücher erst mit der Einführung der Drucktechnik als Medien genannt werden. Die Bücher, die es zuvor gab, hatten aber bereits mediale Bedeutung:

> [Sie] waren ausnahmslos handschriftliche Fixierungen von Werken, die primär durch Menschmedien vermittelt worden sind. Das Buch war hier lediglich historisches Speichermedium und zur Zeit des Mittelalters für die allermeisten Menschen außerhalb des sakralen Raums höchst randständig.[14]

Im Verlauf der Geschichte hat sich ein Wandel vollzogen, der in einer Auflösung der traditionellen Grenzen der Teilöffentlichkeiten und damit einer Vermischung der gesellschaftsspezifischen Medien bestand.[15] Eine Gegenüberstellung dieser gesellschaftsspezifischen Medien in ihren Teilöffentlichkeiten wird im folgenden Abschnitt 3 geliefert.

---

[12] Wilke 2000, S. 4
[13] Vgl. dtv-Atlas 2003, S. 13
[14] Faulstich 1996, S. 101
[15] Vgl. Faulstich 1996, S. 270f

3. Höfische und bürgerliche Medien in der Gegenüberstellung

3.1 Die Medien am Hof

3.1.1 Der Hofnarr

Die Medien der Teilöffentlichkeiten Hof/Burg, Land/Dorf und Stadt unterschieden sich im Mittelalter in ihrer medialen Form und Funktion. Die Teilöffentlichkeit Hof/Burg besaß dabei nach *Faulstich* die Medien Hofnarr, Sänger und Blatt.[16] Demnach lagen ihre Hauptfunktionen als zeitgenössisch relevante Medien in der Sicherung der feudalen Herrschaftsstrukturen durch Unterhaltung, Kommunikation und Speicherung von Wissen und Informationen. Dem Menschmedium Hofnarr wird dabei die Bedeutung zugeschrieben, als Belustigungsobjekt zu unterhalten. Dabei lag bereits in der äußeren Erscheinung des Narren eine mediale Bedeutung:

> Die Eselsohren der Narrenkappe signalisierten die Dummheit des Esels, die beiden Ohren die beiden Spitzen der Bischofsmütze, die parodistisch aufs Korn genommen wurde. Der Narrenkittel hatte gezackte Ränder, die Zerstreutheit, Unstetigkeit bedeuteten. Seine bevorzugten Farben waren Gelb oder Grün, die Farben des Wahnsinns, der Niedrigkeit, der Schande. Die Schweinsblase mit getrockneten Erbsen darin charakterisierten den leeren Kopf des Narren.[17]

Der Feudalgesellschaft diente der Hofnarr dabei in der Hauptsache als „Kontrast von Typus und Antitypus"[18], indem die Attribute des Herrschers karikiert wurden. Er fungierte als Spaßmacher zum Zeitvertreib und zur Belustigung und nahm in der mittelalterlichen Gesellschaft die mediale Funktion ein, die heute oftmals Kino oder Fernsehen zugeschrieben werden. Die Informationsvermittlung spielte für das Medium Narr keine Rolle. Daneben galt er als Statussymbol und als „Korrektiv und kommunikativ-soziales Regulativ"[19]; der Hofnarr vermittelte Wahrheiten in possenhafter Form

---

[16] Vgl. Faulstich 1996, S. 49-83
[17] Faulstich 1996, S. 53f
[18] Faulstich 1996, S. 54
[19] Faulstich 1996, S. 57

zwischen Herrscher und Untergebenen. Er fungierte damit auch entscheidend als Ratgeber des Herrschenden und als Sprachrohr aller Seiten.

3.1.2 Der Sänger

Der Sänger hatte eine andere mediale Stellung als der Hofnarr. Die Darstellungsformen des Sängers stellt *Faulstich* denen des Narren entgegen und bezeichnet die beiden Künste eher als „komplementäre Kulturformen und literarische Produkte"[20]. Die Kunst des Sängers bestand nicht in der possenreißerischen Darstellungsform, sondern in der Dichtkunst. Dabei waren Epos und Sang das Vermittlungsmedium von Prosa und Lyrik durch das Menschmedium Sänger. Dabei kann dem Sänger, wie dem Hofnarren auch, eine Unterhaltungsfunktion zugeschrieben werden, diese ist aber auf einer anderen qualitativen Ebene angesiedelt und anders zu bewerten. Vor allem der Minnesang ist auf hoher Ebene angesiedelt und daher auch bis heute überliefert. Der Sänger im Mittelalter richtete sich an ein gebildetes Publikum und er verfügte auch selbst über Bildung, wodurch er befähigt war, seine Gesänge zu fixieren.

Er erfüllte gewissermaßen die Rolle, die heute den Entertainern im Fernsehen zuteil wird. Der Sänger präsentierte dem Publikum literarische Kunst durch das Medium Mensch. Dabei hing der Erfolg wohl nicht selten in der Kunst der Darbietung selbst ab.

Daneben fungierte der Sänger als Stabilisator der feudalen Gesellschaft, indem er die Strukturen, Werte und Normen durch seinen Gesang bewahrte.[21]

Durch die zunehmende Schriftlichkeit verschwand die mediale Bedeutung der Sänger; von nun an konnte man die Dichtungen lesen und konnte zunehmend auf die Sänger verzichten.

---

[20] Faulstich 1996, S. 69
[21] Vgl. Faulstich 1996, S. 75

3.1.3 Das Medium Blatt

Das Medium Blatt wird an dieser Stelle betrachtet, es soll aber nicht außer Acht gelassen werden, dass es auch als *intersystemisches Medium*[22] in der bürgerlichen Gesellschaft in den Städten vertreten war. Bei der Betrachtung der städtischen Medien wird auf dieses Kapitel verwiesen.

Das Blatt diente als Speichermedium, durch das sich handschriftlich Sachverhalte fixieren ließen. Die Verwendung des Blattes war durch seine Eigenschaft als Schreibmedium allerdings nur den Teilöffentlichkeiten vorbehalten, in denen geschrieben werden konnte.

Es entwickelte sich darin eine Ausbildung „vom mündlichen Vertrag zu seiner immer häufigeren Fixierung in Gestalt einer Urkunde, eines Freibriefs, eines Dokuments, eines Urteils, eines Erlasses"[23] oder sonstiger Schriftstücke in Form des Blattes.

Entsprechend der Entwicklung von der Oralität zur Schriftlichkeit behielt das Blatt im Gegensatz zu den meisten Menschmedien im Mittelalter seine Bedeutung, nahm darin sogar zu. Das Blatt unterlag Veränderungen, wobei die Speicherfunktion aber zentral blieb. Vor allem „[m]it dem Wandel vom Schreibmedium zum Druckmedium [...] sollte das Medium Blatt ganz neue, den öffentlichen Diskurs maßgeblich steuernde Funktion entwickeln"[24].

3.2 Medien der bürgerlichen Gesellschaft

Nicht nur die höfische Gesellschaft verfügte über Medien, auch auf dem Land und in den Städten spielten Medien eine Rolle. Dabei stellt die Stadt eine Weiterentwicklung der Dörfer dar, in der sich nun auch verschiedene Teilöffentlichkeiten vermischten. Die Stadt verfügte über die Marktplatztheater, die in Abschnitt 5 beleuchtet werden, über Blatt (Vgl. Abschnitt 3.1.3) und Brief. Letzteres Medium war entscheidend für die

---

[22] Werner Faulstich bezeichnet Medien, die teilöffentlichkeitsübergreifend genutzt werden und damit nicht determiniert sind als intersytemische Medien. Die den spezifischen Teilöffentlichkeiten zugeordneten Medien werden dagegen als systemische Medien bezeichnet.
[23] Faulstich 1996, S. 76
[24] Faulstich 1996, S. 83

Übermittlung und den Transport von Informationen und damit prägend für die Entstehung einer Post. Er ist in seiner medialen Funktion ständigen Veränderungen unterworfen, indem er „vom pastoralen Brief frühchristlicher Gemeinden über die publizistische Kampffunktion bis zum Geschäftsbrief des ausgehenden Mittelalters"[25] alle Facetten der Informationsvermittlung erfüllte. Der Brief wird an dieser Stelle erwähnt, lässt sich aber ebenso den Teilöffentlichkeiten Hof/Burg, Kloster, Universität und Kirche zuschreiben, wobei er in gleicher Weise genutzt worden ist. Daher wird der Brief an anderer Stelle nicht mehr behandelt.

Im Vergleich zur ländlichen Gesellschaft spiegeln Blatt und Brief aber den Kontrast und Unterschied wieder, denn Dorf und Land nutzten keine Schreibmedien.

Die ländliche Medienwelt war beherrscht durch personale Kommunikation in Form der Menschmedien. Entsprechend der harten und auf körperliche Arbeit ausgelegten Lebensumstände auf dem Land war die Kommunikation „archaisch, ursprünglich-primitiv, nicht elaboriert oder verfeinert-kultiviert"[26]. Bauernspiele, Volksbräuche und Feste, sowie die Erzähler von Märchen, Geschichten, Sagen und ähnlichem sind Medien von Land und Dorf.

Entsprechend der Primitivität der ländlichen Medien waren die medialen Funktionen auch nicht so instrumentalisiert, differenziert und strukturiert wie die der höfischen Medien. Die bäuerlichen Medien zielten in erster Linie auf Unterhaltung und Kommunikation ab.

Die Feste und Spiele erfüllten dabei besonders den Kommunikationszweck, indem sie die Menschen aus unterschiedlichen Dörfern zusammenführten: Die Erzähler waren in der Mehrzahl Frauen, weil den Männern das körperliche Arbeiten stärker vorgegeben war.

Dabei kommt den Erzählern eine besondere Bedeutung zu: Sie hatten neben der Unterhaltungsfunktion auch eine „Speicher- und Tradierungsfunktion für überkommenes Erzählgut, mit eminent kultureller Bedeutung"[27].

---

[25] Faulstich 1996, S. 267
[26] Faulstich 1996, S. 85
[27] Faulstich 1996, S. 100

4. Die mediale Bedeutung von Klöstern, Universitäten und Kirchenraum

Von besonderer medialer Bedeutung im Mittelalter sind Klöster, Kirchen und Universitäten, weil sich in ihnen die Zunahme und Vermittlung von Bildung, Welt-Wissen und Erziehung abspielte.[28] Vor allem in Bezug auf das Medium Buch spielte das Kloster eine entscheidende Rolle, denn die Mitglieder dieser Einrichtungen waren für die Erstellung und Verbreitung der Bücher vor Einführung der Drucktechnik verantwortlich. In dieser Hinsicht kann das Medium Buch in seiner Funktion und Bedeutung für die Teilöffentlichkeit Kloster äquivalent zu den Medien der anderen Teilöffentlichkeiten begriffen werden, denn „`Bildung` hieß im jeweiligen Binnenraum Medienkompetenz"[29]. Damit entfallen in der Werthaftigkeit die denkbaren Differenzen zwischen den einzelnen Medien einer Form. Schreibmedien stellen dabei ein Äquivalent zu anderen Schreibmedien anderer Teilöffentlichkeiten dar, für Menschmedien gilt gleiches.

Neben der Herstellung von Schreibmaterialien, war die klösterliche Gemeinschaft im Mittelalter mit der handschriftlichen Herstellung von Büchern beschäftigt. In den *Scriptorien*, Schreibstuben, schrieben die Mönche vor allem christliche, aber auch weltliche Handschriften ab und trugen damit zu ihrer Reproduktion bei.[30] Das Buch fungierte dabei als eine Art Brücke von der Präsenz- und Menschmedienkultur hin zu einer rezeptiven Lesekultur, und zeichnet damit verantwortlich für die Dominanz der Literalität über die Oralität im späten Mittelalter und in der frühen Neuzeit.

Nur durch die Arbeit der Klöster konnte frühchristliche und antike Literatur überliefert werden. Hier finden sich die Wurzeln der europäischen Bibliothekengeschichte.

Da es den Mönchen verboten war, eigenen Besitz zu beanspruchen, wurden die angefertigten Bücher in Sälen aufbewahrt, die als die Vorstufen der späteren Klosterbibliotheken gelten.

---

[28] Vgl. Faulstich 1996, S. 271
[29] Faulstich 1996, S. 104
[30] Vgl. Faulstich 1996, S. 106ff

Dabei war es nicht selten, dass Klöster untereinander Bücher austauschten und damit noch weiter zur Verbreitung der Texte beitrugen. Für die Verbreitung von Büchern außerhalb der Teilöffentlichkeiten Kloster/Kirche/Universität fehlten zunächst noch die Vorraussetzungen, weil die Schriften in Latein abgefasst wurden. Der weitaus größte Teil der mittelalterlichen Gesellschaft war allerdings nicht in der Lage zu lesen oder Latein zu verstehen.

Bei der Produktion des Mediums Buch in den Klöstern gilt es noch zwischen Scriptoren und Kopisten zu unterscheiden; während die Scriptoren das Schreiben und Kenntnisse der lateinischen Sprache beherrschten, genügte es den Kopisten, lediglich die Buchstaben abzumalen.[31]

Durch die Arbeit der Klöster entstanden bis ins hohe Mittelalter Bibliotheken mit bis zu 1000 Büchern.[32]

Für die Bildungsentwicklung waren zunächst die Klosterschulen verantwortlich, die im Zuge der Scholastik, der großen Aufklärung im Mittelalter, ihre Funktionen an die Universitäten abgaben.[33]

Es fand daneben eine Verlagerung der Buchherstellung in den profanen Bereich statt; Kopisten wurden nun auch von freien Buchhändlern beschäftigt. Durch die Entstehung des Menschmediums *Magister* als Gelehrter an den Universitäten entwickelte sich ein Funktionswandel des Mediums Buch vom „binnensystemspezifischen Kult- und Herrschaftsinstrument"[34] hin zu einem „systemübergreifenden weltlichen Kultur- und Bildungsmedium für alle, vom zentralen Speicher zum instrumentellen Wissensbestand, zum individuellen alltäglichen Arbeitsmittel"[35].

Damit lässt sich bereits die mittelalterliche mediale Funktion der Universitäten beschreiben. Hier spielt das Menschmedium *Magister* die zentrale Rolle als zentrales Steuermedium der Universität. Es entstand eine Schnittstelle zwischen Kloster, Kirche, Stadt und Universität. Der Magister hatte hier unbegrenzte Kontrolle über die beiden zentralen Kommunikationsformen: die Bücher und die Gedanken.[36]

---

[31] Vgl. Faulstich, S. 110
[32] Vgl. Faulstich 1996, S. 112
[33] Vgl. Faulstich 1996, S. 123-127
[34] Faulstich 1996, S. 124
[35] Faulstich 1996, S. 124
[36] Vgl. Faulstich 1996, S. 140f

Universitäten führten zu einer Verschiebung des Bildungsgefälle von der Seite der Kirchen und Klöster auf die Seite der gelehrten Laien.[37] Dabei versteht man unter dem Begriff der Universität eine Korporation von Lehrenden und Lernenden. Die Universität ist genossenschaftlich organisiert mit dem Recht zur Selbstverwaltung.

Die mediale Bedeutung liegt in einer starken Streuung von Wissen, denn durch die einheitliche lateinische Sprache war es nun möglich, dass ein europaweiter Austausch unter den Studenten stattfand.

Der Magister als Menschmedium fungierte neben dem Vorleser als Medium in der *Disputation*. Hier ging es nicht um Lehren und Lernen in einer Korrelation, sondern eher um gemeinsames Fragen und Forschen.

Neben Kloster und Universität besaß auch die Kirche im Mittelalter eine mediale Funktion. Die Medien der Kirche setzten sich ebenfalls aus Mensch- und Schreibmedien zusammen, wobei der Prediger und die Kirchentheater den Menschmedien, Brief und Glasfenster den Schreibmedien, zuzuordnen sind.[38] Der Prediger als das zentrale Menschmedium der Kirche fungierte im Mittelalter auf drei Arten: Er legte soziale Verhaltensmuster fest und setzte Normen, er vermittelte Bildung, indem er theologische Inhalte der Predigt mit wissenschaftlichen oder mythologischen Exkursen ausschmückte. Daneben fungierte er als Kampfmedium, indem er als Indoktrinations- und Herrschaftsmedium missionierte, mobilisierte oder Aberglauben und Volkskultur unterdrückte.[39]

Die Glasfenster stellten neben dem Prediger als Menschmedium das entscheidendste Schreibmedium dar.[40] Das Fenster hatte dabei gewissermaßen plakativen Charakter, indem es als Medium des Schnelldialogs vereinfacht Informationen übertragen konnte. Die Kirchenfenster veranschaulichten die biblischen Botschaften zeitgemäß, alltagsbezogen und zielgruppenorientiert. Sie spielten eine wichtige didaktische Rolle in der Unterweisung der Gläubigen und fungierten daneben auch als Informations- und Herrschaftsmedien der

---

[37] Vgl. Weddige, Hilkert: *Einführung in die germanistische Mediävistik*. München 2001, S. 48f (hinfort zitiert als Weddige 2001)
[38] Vgl. Faulstich 1996, S. 270
[39] Vgl. Faulstich 1996, S. 168
[40] Vgl. Faulstich 1996, S. 168f

Kirche, sowie als stark instrumentalisiertes Medium auch schon als Werbeinstrument.

Man könnte sagen, dass es ein frühes Medium der Werbung war, indem in der Gestaltung der Bilder die Spender nicht selten selbst portraitiert wurden und für sich warben.

Ein bedeutendes Medium, welches maßgeblich für die Überbrückung zwischen den zunächst getrennt zu sehenden Teilöffentlichkeiten verantwortlich war, ist der Bettelmönch.

Bettelmönche galten im Mittelalter als Mittler zwischen Klöstern, Universitäten und der Stadt. *Faulstich* bezeichnet sie deshalb als intersystemisches Medien.[41] Weitere intersystemische Medien sind Blatt und Brief, die an anderer Stelle behandelt worden sind.

5. Das Theater als Medium

Ein Medium, das bis heute von Bedeutung ist und dessen Neubegründung im Mittelalter wurzelt, ist das Theater. Dabei hat die Einführung des weltlichen Theaters im Mittelalter seinen Ursprung in den geistlich-liturgischen Spielen des Kirchenraums. Dabei war das Kirchenspiel „genuines Menschmedium – es ging um die Vermittlung eines bekannten Inhalts, zunächst als Ritual in standardisierter Form"[42]. Die mediale Funktion der Kirchenspiele bestand dabei darin, als Strategie durch die Spiele in der beginnenden Auflösung der Teilöffentlichkeiten, die Masse für die Zwecke der Kirche einzunehmen. Hier herrschte die Macht- und Herrschaftsfunktion weiterhin vor.

Später vollzog sich ein Wandel von der Liturgie zum eigenständigen geistlichen Theaterspiel, vom Narrativen zum Schauspiel und vom Lateinischen zum Volkssprachlichen. Zunehmend verlagerte sich auch der Spielort vom Innenraum der Kirchen auf die Marktplätze, woraus später die Marktplatztheater hervorgingen. Eine Ausweitung auf die ganze Stadt war

---

[41] Vgl. Faulstich 1996, S. 142f
[42] Faulstich 1996, S. 183

nicht selten und auch eine Spieldauer von mehreren Tagen wird im Zusammenhang mit Passions- oder Fronleichnamsspielen beschrieben.[43]
Die Wurzeln des Mediums *Marktplatztheater* liegen wohl in der Theatralizität der am Markt befindlichen Menschengruppen:

> `In der zugleich fluchenden und werbenden Rede des Marktplatzes und der Spiellust seines Publikums, wo jeder Akteur ist, macht sich eine Mentalität breit, deren Stil die theatralische Groteske ist`. Marktplatztheater war das ökonomische Kommunikationsprinzip der spätmittelalterlichen Stadt[44]

Während zunächst beide Formen, das Kirchenspiel und die Marktplatztheater parallel bestanden, und profane Volkskultur und geistliche Repräsentanz nebeneinander her liefen, kam es später zu einer Auflösung der Grenzen. Die Kirchenspiele verloren dabei an Bedeutung, das Marktplatztheater und in seiner Ausdifferenzierung das Theater der frühen Neuzeit gewannen zunehmend an Format.

Trotz der Übergänge von geistlichen Dramen zu weltlichen Spielen entwickelte sich das weltliche Schauspiel im 14. und 15. Jahrhundert unabhängig von seiner geistlichen Schwester.[45]

Für Deutschland ist eine Ausdifferenzierung erst im 15. und 16. Jahrhundert beschrieben, die Wurzeln liegen aber in der Vermischung der beiden Theaterformen des Mittelalters: „Die integrative Verknüpfung von Kirchentheater und Marktplatztheater legte den Grundstein für unser heutiges Theater, auch wenn seine damaligen sozialregulativen Funktionen heute keine Geltung mehr beanspruchen können"[46].

Zusammenfassung

Bei der Einteilung in primäre, sekundäre und tertiäre Medien fällt auf, dass die mittelalterliche Gesellschaft bereits primäre und sekundäre Medien kannte und nutzte.

---

[43] Vgl. dtv-Atlas 2003, S. 79
[44] Faulstich 1996, S. 225
[45] Vgl. dtv-Atlas 2003, S. 79
[46] Faulstich 1996, S. 226

Insgesamt lassen sich für das Mittelalter ungefähr 15 verschiedene Medien nachweisen, die größtenteils gesellschaftlich determiniert in den unterschiedlichen Teilöffentlichkeiten existierten, teilweise aber auch übergreifend waren.[47] Vor allem die Fahrenden, Briefe und Bettelmönche trugen zu einer Vermischung der Teilöffentlichkeiten bei. Darin zeichnet sich schon ein Wandel zur Medienkultur der frühen Neuzeit ab. Mehr und mehr entrückten die gesellschaftlichen Grenzen der Medialität.

Die Menschmedien spielten im Mittelalter dabei zunächst die wichtigste Rolle, denn Schreibmedien waren aufgrund mangelnder Bildung nicht für die breite Masse der Bevölkerung zugänglich und verwertbar. Universitäten, Klöster und die Kirche trugen im Mittelalter zu einer Verbreitung der Schreibmedien bei.

Trotz dieser überwiegend oralen Kommunikation im Mittelalter, die primär noch personal war, herrschte eine hohe Medialität.

Mit Recht kann man unter diesem Hintergrund die mittelalterliche Gesellschaft bereits als Medienkultur bezeichnen. Einige der Medien des Mittelalters haben sich bis in die Neuzeit gehalten und nichts an ihrer Medialität eingebüßt.

Die Erfindung des Buchdrucks durch Johannes Gutenberg um 1450 stellt einen entscheidenden Schritt zur Technisierung der Medien und damit zur Entstehung der modernen Massenmedien dar, darf aber nicht als Beginn der Medienkultur gedeutet werden. Tatsächlich ist es immer so gewesen, dass neue Medien oft lange Zeit neben alten Medien bestanden, ehe sie diese ablösen konnten.

Es ist aus heutiger Sicht beeindruckend, wie mannigfaltig die mediale Kommunikation vor Gutenberg bereits gewesen ist und wie viele verwendbare Medien diese vorneuzeitliche Gesellschaft bereits beherrschte.

Leider ist dieser Themenkomplex in der Literatur wenig untersucht, die Ausführungen von *Werner Faulstich* bilden die Hauptgrundlage für die vorliegende Arbeit, da hier die einzige erschöpfende Studie geliefert wird. Offenbar beruht dieser Mangel an erschöpfender Sekundärliteratur auf der Tatsache, dass die Medienwissenschaft ein recht junger Zweig der philosophischen Forschung ist.

---

[47] Vgl. die Tabelle bei Faulstich 1996, S. 270

Bibliographie

Faßler, Manfred; Halbach, Wulf: *Geschichte der Medien*. München 1984

Faulstich, Werner: *Medien und Öffentlichkeiten im Mittelalter 800-1400*. Göttingen 1996

Höfer, Werner: *Was sind Medien*. Percha 1981

Schlosser, Horst Dieter: *dtv-Atlas Deutsche Literatur*. 9. Auflage, München 2002

Weddige, Hilkert: *Einführung in die germanistische Mediävistik*. München 2001

Wilke, Jürgen: *Grundzüge der Medien- und Kommunikationsgeschichte. Von den Anfängen bis ins 20. Jahrhundert*. Köln 2000